쉽게 배우는 한국어 쓰기 교본

쉽게 배우는

한 국 어
쓰기 교본

청석한국어교육연구회 편

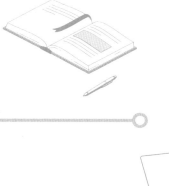

머리말

　글쓰기는 다른 사람에게 글을 쓰는 이의 생각을 조리 있게 전달한다는 점에서 의사소통의 핵심적인 도구라 할 수 있다. 일상생활에서 말하기 능력이 중요한 것 못지않게, 다른 사람과의 원활한 의사소통을 위해서 글쓰기 능력을 키우는 것은 현대인들에게 필수적이다.

　글은 여러 성분들이 모여서 이루어지는 조직체이다. 그 조직을 이루는 성분들이 각각 따로 흩어져 있는 것이 아니고, 서로 유기적으로 관련을 맺고 있다. 한국어에서 글은 가장 작은 단위인 자모가 모여서 글자를 만들고, 글자가 모여서 단어를 만들고, 단어들이 모여서 문장을 만들고, 문장들이 모여서 단락을 만들고, 단락들이 모여서 하나의 글이 완성된다.

　이 책에서는 한국어의 가장 작은 단위인 자모부터 시작해서 가장 큰 단위인 글의 구성 원리를 제시하였다. 자모와 글자의 구성 원리는 훈민정음의 제자 원리를 이용하여 제시하였고, 생각을 담고 있는 의미의 최소 단위인 단어는 품사별로 제시하였다. 단어들이 결합한 문장은 올바르게 문법적으로 맞게 쓸 수 있도록 하기 위하여 문장성분을 제시하였다. 하나의 생각의 덩어리라 할 수 있는 단락은 내용과 형식적인 특성을 제시함으로써 한국어 쓰기의 기초를 다질 수 있도록 하였다. 마지막으로 글은 형식적 또는 체계적으로 갖추어야 할 조건을 제시함으로써 효과적으로 글의 내용을 전달할 수 있도록 하였다.

　또한 이 책은 한국어 자모 단위부터 글까지 직접 손으로 써 볼 수 있도록 하였다. 현대인들의 대부분은 컴퓨터를 활용하여 글을 작성하고 있다. 그러나 우리가 일상 생활에서 간단한 메모부터 중요한 시험 답안 작성까지 아직도 직접 손으로 글을 쓸 경우가 많이 있다. 그런데 많은 학생들이 글씨체에 대한 중요성을 가볍게 생각하는 경향이 있다. 일반적으로 글씨는 글씨를 쓰는 사람의 인격이나 성품을 나타내 주는 까닭에 그 사람의 됨됨이를 평가하는데 중요한 구실을 한다는 말이 있다. 그래서 한국어를 공부하는 학생들에게 보다 나은 본인의 글씨를 다듬어 개성 있는 자신만의 한국어 글씨체를 만들어 보도록 하였다.

　마지막으로 이 책이 한국어를 공부하는 학생들에게 한국어 쓰기 단위를 익히고, 한국어를 바르고 보기 좋게 쓰는 습관을 가질 수 있도록 도움이 되었으면 하는 바람이다.

청석한국어교육연구회

차례

1. 자모

한글은 기존의 어떤 문자를 오랜 세월에 걸쳐 변모 발전시킨 것이 아니라 세종대왕이 독창적으로 만든 글자이다. 이러한 점은 세계 문자 발달사에서 많지 않은 일로 한글의 가장 큰 특징이다. 또한, 세종대왕은 〈훈민정음〉에서 자음자 17자와 모음자 11자를 새로 만들고 각 자모들을 어떤 원리로써 만들었는지를 밝히고 있다. 이러한 특성으로 인하여 매우 과학적인 글자로 세계에서 인정받고 있다.

현대국어에서 사용되고 있는 한글의 자모(字母) 수와 차례 및 이름은 한글 맞춤법 제2장 제4항에 아래와 같이 규정하고 있다.

제4항 한글 자모의 수는 스물넉 자로 하고, 그 순서와 이름은 다음과 같이 정한다.

ㄱ(기역) ㄴ(니은) ㄷ(디귿) ㄹ(리을) ㅁ(미음)

ㅂ(비읍) ㅅ(시옷) ㅇ(이응) ㅈ(지읒) ㅊ(치읓)

ㅋ(키읔) ㅌ(티읕) ㅍ(피읖) ㅎ(히읗)

ㅏ(아) ㅑ(야) ㅓ(어) ㅕ(여) ㅗ(오)

ㅛ(요) ㅜ(우) ㅠ(유) ㅡ(으) ㅣ(이)

붙임1 위의 자모로써 적을 수 없는 소리는 두 개 이상의 자모를 어울러서 적되, 그 순서와 이름은 다음과 같이 정한다.

ㄲ(쌍기역) ㄸ(쌍디귿) ㅃ(쌍비읍) ㅆ(쌍시옷) ㅉ(쌍지읒)

ㅐ(애) ㅒ(얘) ㅔ(에) ㅖ(예) ㅘ(와) ㅙ(왜)

ㅚ(외) ㅝ(워) ㅞ(웨) ㅟ(위) ㅢ(의)

붙임2 사전에 올릴 적의 자모 순서는 다음과 같이 정한다.

자음 : ㄱ ㄲ ㄴ ㄷ ㄸ ㄹ ㅁ ㅂ ㅃ ㅅ ㅆ ㅇ ㅈ ㅉ ㅊ ㅋ ㅌ ㅍ ㅎ

모음 : ㅏ ㅐ ㅑ ㅒ ㅓ ㅔ ㅕ ㅖ ㅗ ㅘ ㅙ ㅚ ㅛ ㅜ ㅝ ㅞ ㅟ ㅠ ㅡ ㅢ ㅣ

1.1. 자음자

첫째, 자음자의 첫 번째 제자 원리는 '상형(사물의 모양을 본뜸)'이다. 이때 상형의 대상이 된 것은 자연물이 아니라 인간의 신체, 그중에서도 발음기관의 모양이다.

기본자	본뜬 발음 기관의 모양
ㄱ	혓등이 연구개(여린입천장)에 닿은 모양
ㄴ	혀끝이 윗잇몸에 닿는 모양
ㅁ	입의 모양
ㅅ	이의 모양
ㅇ	목구멍의 모양

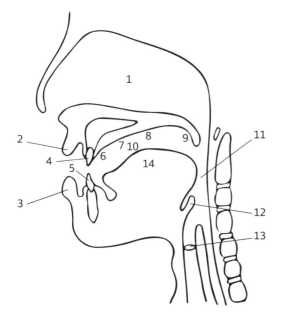

1 비강
2 윗입술
3 아랫입술
4 윗니
5 아랫니
6 치경
7 경구개
8 연구개
9 구개수
10 구강
11 인강
12 후두덮개
13 성대
14 혀

명칭	자모	쓰기 순서	연습			
기역	ㄱ	ㄱ	ㄱ	ㄱ		
니은	ㄴ	ㄴ	ㄴ	ㄴ		
미음	ㅁ	ㅁ	ㅁ	ㅁ		
시옷	ㅅ	ㅅ	ㅅ	ㅅ		
이응	ㅇ	ㅇ	ㅇ	ㅇ		

둘째, 자음자의 두 번째 제자 원리는 기본 자음자에 획을 하나씩 더하는 '가획(획을 더함)'의 원리이다.

기본자와 가획자는 모두 조음 기관의 모양을 공유하면서 획의 추가에 따라 구분되고 있다. 그래서 같은 조음 위치에 속하는 음들을 나타내는 글자들은 형태상의 공통점을 지닌다. '가획'은 획을 더하여 글자를 만든 근거로 획이 더 있는 글자들의 소리가 더 거센 소리들이라는 점이다. 'ㅋ'은 'ㄱ'보다 거센 소리며, 'ㅂ'은 'ㅁ'보다, 'ㅍ'은 'ㅂ'보다 소리가 거세고 이 거센 특성을 획을 더함으로써 나타내었다는 것이다.

이체자는 'ㆁ, ㄹ, ㅿ'이다. 이 글자들은 공통적으로 가획의 과정을 거쳤지만 가획의 의미, 즉 가획 이전과 비교하여 소리의 세기가 세진다는 내용을 담고 있지 않는다는 점에서 예외적이다.

기본자		가획자			이체자
ㄱ	→	ㅋ			
ㄴ	→	ㄷ	→	ㅌ	ㄹ
ㅁ	→	ㅂ	→	ㅍ	
ㅅ	→	ㅈ	→	ㅊ	(ㅿ)[1]
ㅇ	→	(ㆆ)	→	ㅎ	(ㆁ)

---

[1] ( )는 현재 쓰이지 않는 자모이다. 현재 쓰이지 않는 자모는 모음 기본자 'ㆍ'와 자음자 'ㅿ, ㆆ, ㆁ'이다.

명칭	자모	쓰기 순서	원리	연습		
키읔	ㅋ	ㅋ	ㄱ+ㅡ	ㅋ		
디귿	ㄷ	ㄷ	ㄴ+ㅡ	ㄷ		
티읕	ㅌ	ㅌ	ㄷ+ㅡ	ㅌ		
리을	ㄹ	ㄹ	이체자	ㄹ		
비읍	ㅂ	ㅂ	ㅁ+ㅡ	ㅂ		
피읖	ㅍ	ㅍ	ㅂ+ㅡ	ㅍ		
지읒	ㅈ	ㅈ	ㅅ+ㅡ	ㅈ		
치읓	ㅊ	ㅊ	ㅈ+ㅡ	ㅊ		
히읗	ㅎ	ㅎ	(ㆆ)+ㅡ	ㅎ		

셋째, 훈민정음에서는 자음 글자를 옆으로 이어 써서 한 자모를 만드는 방식을 병서라고 하였는데, 'ㄲ, ㄸ, ㅃ, ㅆ, ㅉ'처럼 같은 자모를 중복하여 만든 자모를 각자병서(各自竝書)라 하였다. 이 자모들은 경음(된소리)을 나타내는 글자가 되었다.

명칭	자모	원리	연습		
쌍기역	ㄲ	ㄱ + ㄱ	ㄲ		
쌍디귿	ㄸ	ㄷ + ㄷ	ㄸ		
쌍비읍	ㅃ	ㅂ + ㅂ	ㅃ		
쌍시옷	ㅆ	ㅅ + ㅅ	ㅆ		
쌍지읒	ㅉ	ㅈ + ㅈ	ㅉ		

넷째, 병서에는 서로 다른 자모를 결합하여 만든 이른바 합용병서(合用竝書)도 있다. 오늘날에는 받침에서만 쓰이는 'ㄳ, ㄵ, ㄶ, ㄺ, ㄻ, ㄼ, ㄽ, ㄾ, ㄿ, ㅀ, ㅄ'이 있다.

자모	원리	연습				
ㄳ	ㄱ+ㅅ	ㄳ	ㄳ			
ㄵ	ㄴ+ㅈ	ㄵ	ㄵ			
ㄶ	ㄴ+ㅎ	ㄶ	ㄶ			
ㄺ	ㄹ+ㄱ	ㄺ	ㄺ			
ㄻ	ㄹ+ㅁ	ㄻ	ㄻ			
ㄼ	ㄹ+ㅂ	ㄼ	ㄼ			
ㄽ	ㄹ+ㅅ	ㄽ	ㄽ			
ㄾ	ㄹ+ㅌ	ㄾ	ㄾ			
ㄿ	ㄹ+ㅍ	ㄿ	ㄿ			
ㅀ	ㄹ+ㅎ	ㅀ	ㅀ			
ㅄ	ㅂ+ㅅ	ㅄ	ㅄ			

1.2. 모음자

첫째, 모음자의 기본자는 성리학의 삼재(三才)를 본떠서 만들었다. '·'는 '天(하늘)'을, 'ㅡ'는 '地(땅)'을 'ㅣ'는 '人(사람)'을 상징해서 구성했다. 현재 '·'는 쓰이지 않고 있다.

명칭	자모	쓰기 순서	연습			
으	ㅡ	① →	—	—		
이	ㅣ	① ↓	ㅣ	ㅣ	ㅣ	ㅣ

둘째, 기본자 '·, ㅡ, ㅣ'를 결합하여 초출자 'ㅗ, ㅜ, ㅏ, ㅓ'를 만들었다. 'ㅗ, ㅜ'는 '·'와 'ㅡ'가 합쳐져 만들어졌다는 것은 동일하지만, '·'의 위치에 따라 구분되고 있다. 또한 'ㅏ'와 'ㅓ'는 '·'와 'ㅣ'가 합쳐져 만들었지만, '·'의 위치에 따라 구분된다.

ㅗ (· + ㅡ), ㅜ (ㅡ + ·), ㅏ (ㅣ + ·), ㅓ (· + ㅣ)

명칭	자모	쓰기 순서	연습			
오	ㅗ	①↓ ②→	ㅗ	ㅗ		
우	ㅜ	①→ ②↓	ㅜ	ㅜ		
아	ㅏ	①↓ ②→	ㅏ	ㅏ		
어	ㅓ	②↓ ①→	ㅓ	ㅓ		

셋째, 재출자는 초출자처럼 세 개의 기본자(·, ㅡ, ㅣ)가 합쳐서 만들어진 것으로, 초출자에 '·'를 더하여 만들어졌다.

ㅛ(·· + ㅡ), ㅠ(ㅡ + ··), ㅑ(ㅣ + ː), ㅕ(ː + ㅣ)

명칭	자모	쓰기 순서	연습		
요	ㅛ	ㅛ	ㅛ	ㅛ	
유	ㅠ	ㅠ	ㅠ	ㅠ	
야	ㅑ	ㅑ	ㅑ	ㅑ	
여	ㅕ	ㅕ	ㅕ	ㅕ	

넷째, 이자합용자로 두 모음 글자를 어울러서 만들 글자로 '놔, ㅝ'가 해당된다.

놔(ㅗ+ㅏ), ㅝ(ㅜ+ㅓ)

명칭	자모	원리	연습		
와	놔	ㅗ+ㅏ	놔		
워	ㅝ	ㅜ+ㅓ	ㅝ		

다섯째, 'ㅣ'와 서로 어울려서 이루어진 'ㅣ 상합자'이다. 'ㅣ 상합자'는 이중자와 삼중자로 나누어진다. 이중자에 해당하는 'ㅢ, ㅚ, ㅐ, ㅟ, ㅔ, ㅒ, ㅖ'는 'ㅣ'와 하나의 중성으로 결합된 낱자들이다.

$$ㅢ(ㅡ+ㅣ), \quad ㅚ(ㅗ+ㅣ), \quad ㅐ(ㅏ+ㅣ),$$
$$ㅟ(ㅜ+ㅣ), \quad ㅖ(ㅓ+ㅣ), \quad ㅒ(ㅑ+ㅣ), \quad ㅖ(ㅕ+ㅣ)$$

명칭	자모	원리	연습		
의	ㅢ	ㅡ+ㅣ	ㅢ		
외	ㅚ	ㅗ+ㅣ	ㅚ		
애	ㅐ	ㅏ+ㅣ	ㅐ		
위	ㅟ	ㅜ+ㅣ	ㅟ		
에	ㅔ	ㅓ+ㅣ	ㅔ		
얘	ㅒ	ㅑ+ㅣ	ㅒ		
예	ㅖ	ㅕ+ㅣ	ㅖ		

여섯째, 'ㅣ 상합자' 중 삼중자에 해당하는 'ㅙ, ㅞ'는 'ㅣ' 모음자와 두 글자로 이루어진 것이다. 두 글자로 된 중성과 'ㅣ'와 서로 합해서 이루어진 낱자이다.

ㅙ(ㅗ + ㅏ + ㅣ), ㅞ(ㅜ + ㅓ + ㅣ)

명칭	자모	원리	연습		
왜	ㅙ	ㅗ + ㅏ + ㅣ	ㅙ		
웨	ㅞ	ㅜ + ㅓ + ㅣ	ㅞ		

2. 글자

한글의 가장 큰 특징의 하나는 모아쓰기 방식이다. 한글은 자모문자이므로 자음 글자, 모음 글자 하나하나가 독립된 낱자들이다. 그러나 훈민정음 창제 당시의 규정에서는 자모가 개별적으로 쓰이는 것이 아니라 한 글자가 되게 하였다.

현대국어에서 초성자 19자와 중성자 21자가 결합해서 만들 수 있는 글자는 399자이며, 초성자 19자, 중성자 21자, 종성자 27자가 결합해서 만들 수 있는 자절수는 10,773자이다. 그러므로 이론적으로 만들 수 있는 글자수는 11,172자가 된다. 그러나 모든 글자가 모두 쓰이는 것은 아니다.[2] 이 책에서는 사용되는 글자를 대상으로 하였다.

현대국어 초, 중, 종성에 사용되는 자모는 아래와 같다.

초성자(19자) : ㄱ, ㄲ, ㄴ, ㄷ, ㄸ, ㄹ, ㅁ, ㅂ, ㅃ, ㅅ, ㅆ, ㅇ, ㅈ, ㅉ, ㅊ, ㅋ, ㅌ, ㅍ, ㅎ

중성자(21자): ㅏ, ㅐ, ㅑ, ㅒ, ㅓ, ㅔ, ㅕ, ㅖ, ㅗ, ㅘ, ㅙ, ㅚ, ㅛ, ㅜ, ㅝ, ㅞ, ㅟ, ㅠ, ㅡ, ㅢ, ㅣ

종성자(27자) : ㄱ, ㄲ, ㄳ, ㄴ, ㄵ, ㄶ, ㄷ, ㄹ, ㄺ, ㄻ, ㄼ, ㄽ, ㄾ, ㄿ, ㅀ, ㅁ, ㅂ, ㅄ, ㅅ, ㅆ, ㅇ, ㅈ, ㅊ, ㅋ, ㅌ, ㅍ, ㅎ

초성과 종성에 동시에 쓰이는 자(16자): ㄱ, ㄴ, ㄷ, ㄹ, ㅁ, ㅂ, ㅅ, ㅇ, ㅈ, ㅊ, ㅋ, ㅌ, ㅍ, ㅎ, ㄲ, ㅆ

종성에만 쓰이는 자(11자): ㄳ, ㄵ, ㄶ, ㄺ, ㄻ, ㄼ, ㄽ, ㄾ, ㄿ, ㅀ, ㅄ

초성에만 쓰이는 자(3자): ㄸ, ㅃ, ㅉ

또한, 한글의 글자 모양이 네모 반듯한 것은 한자 전서체와 비슷하다고 설명되어 왔다. 즉, 전서체는 변의 길이와 내각의 크기가 똑같은 정방형(正方形)이면서 상하 좌우가 대칭이 되는 것이 원칙인데 한글의 자형도 이와 비슷하다고 볼 수 있다. 한글의 글자는 왼쪽부터 오른쪽으로, 위부터 아래쪽으로 쓰는 것을 원칙으로 한다.

1　이 책에서는 '글자'는 자모가 결합되어 이루어진 것을 가리킨다.

2　약 3천만 음절 규모의 말뭉치에서 음절 빈도를 조사한 결과에 의하면, 빈도 1 이상인 음절의 개수는 2,305개로서 11,172개의 음절 중에서 21%가 사용되었고, 79%의 음절은 전혀 사용되지 않았다고 하였다(강승식, 『한국어 형태소 분석과 정보 검색』, 서울: 홍릉과학출판사, 2002).

한글 글자의 유형은 네 가지로 구분할 수 있다.

첫째, 좌우결합형이다. 기본적인 자모 배열은 초성자와 중성자가 좌우로 결합한 형태로서 자형의 구조는 다음과 같다.

둘째, 상하결합형이다. 상하결합형은 두 개의 자모가 결합한 이합식과 세 개의 자모로 결합한 삼합식으로 구분된다. 우선, 이합식은 두 개의 자모가 결합한 것으로 자모 배열은 초성자와 중성자가 상하로 결합한 형태로서 자형의 구조는 아래와 같다.

다음으로, 세 개의 자모가 결합한 삼합식으로 자모 배열은 초성자와 중성자, 그리고 종성자(받침)가 결합한 형태로서 자형 구조는 다음과 같다.

초성자
중성자
종성자

셋째, 좌우상하가 결합된 형태이다. 기본적인 자모배열은 초성자, 중성자, 종성자(받침)가 결합한 형태로서, 자형 구조는 다음과 같다.

넷째, 자모들이 'ㄴ'형으로 둘러싸인 결합 형태이다. 우선 이합식으로 기본적인 자모 배열은 초성자, 중성자가 결합한 형태로서, 자형 구조는 다음과 같다.

다음으로 삼합식으로 기본적인 자모배열은 초성자, 중성자, 종성자(받침)가 결합한 형태로서, 자형 구조는 다음과 같다.

2.1. 좌우결합형

	ㅣ		ㅏ		ㅑ		
ㄱ	기		가		갸		
ㄴ	니		나		냐		
ㄷ	디		다		댜		
ㄹ	리		라		랴		
ㅁ	미		마		먀		
ㅂ	비		바		뱌		
ㅅ	시		사		샤		
ㅇ	이		아		야		
ㅈ	지		자		쟈		
ㅊ	치		차		챠		
ㅋ	키		카		캬		
ㅌ	티		타		탸		
ㅍ	피		파		퍄		
ㅎ	히		하		햐		

	ㅐ		ㅒ		ㅓ		
ㄱ	개		걔		거		
ㄴ	내		냬		너		
ㄷ	대		댸		더		
ㄹ	래		럐		러		
ㅁ	매		먜		머		
ㅂ	배		뱨		버		
ㅅ	새		섀		서		
ㅇ	애		얘		어		
ㅈ	재		쟤		저		
ㅊ	채		챼		처		
ㅋ	캐		컈		커		
ㅌ	태		턔		터		
ㅍ	패		퍠		퍼		
ㅎ	해		햬		허		

	ㅕ		ㅖ		ㅖ		
ㄱ	겨		계		계		
ㄴ	녀		녜		녜		
ㄷ	뎌		뎨		뎨		
ㄹ	려		례		례		
ㅁ	며		몌		몌		
ㅂ	벼		볘		볘		
ㅅ	셔		셰		셰		
ㅇ	여		예		예		
ㅈ	져		졔		졔		
ㅊ	쳐		쳬		쳬		
ㅋ	켜		켸		켸		
ㅌ	텨		톄		톄		
ㅍ	펴		폐		폐		
ㅎ	혀		혜		혜		

	ㅣ		ㅏ		ㅑ	
ㄲ	끼		까		꺄	
ㄸ	띠		따		땨	
ㅃ	삐		빠		뺘	
ㅆ	씨		싸		쌰	
ㅉ	찌		짜		쨔	

	ㅐ		ㅒ		ㅓ	
ㄲ	깨		꺠		꺼	
ㄸ	때		떄		떠	
ㅃ	빼		뺴		뻐	
ㅆ	쌔		썌		써	
ㅉ	째		쨰		쩌	

	ㅕ		ㅖ		ㅖ		
ㄲ	껴		께		꼐		
ㄸ	뗘		떼		뗴		
ㅃ	뼈		뻬		뼤		
ㅆ	쎠		쎄		쎼		
ㅉ	쪄		쩨		쪠		

2.2. 상하결합형

	ㅡ		ㅗ		ㅛ	
ㄱ	그		고		교	
ㄴ	느		노		뇨	
ㄷ	드		도		됴	
ㄹ	르		로		료	
ㅁ	므		모		묘	
ㅂ	브		보		뵤	
ㅅ	스		소		쇼	
ㅇ	으		오		요	
ㅈ	즈		조		죠	
ㅊ	츠		초		쵸	
ㅋ	크		코		쿄	
ㅌ	트		토		툐	
ㅍ	프		포		표	
ㅎ	흐		호		효	

	ㅜ			ㅠ		
ㄱ	구			규		
ㄴ	누			뉴		
ㄷ	두			듀		
ㄹ	루			류		
ㅁ	무			뮤		
ㅂ	부			뷰		
ㅅ	수			슈		
ㅇ	우			유		
ㅈ	주			쥬		
ㅊ	추			츄		
ㅋ	쿠			큐		
ㅌ	투			튜		
ㅍ	푸			퓨		
ㅎ	후			휴		

	ㅗ			ㅛ			ㅛ		
ㄲ	끄			꼬			꾜		
ㄸ	뜨			또			뚀		
ㅃ	쁘			뽀			뾰		
ㅆ	쓰			쏘			쑈		
ㅉ	쯔			쪼			쬬		

	ㅜ			ㅠ		
ㄲ	꾸			뀨		
ㄸ	뚜			뜌		
ㅃ	뿌			쀼		
ㅆ	쑤			쓔		
ㅉ	쭈			쮸		

모음자 ㅡ	ㄱ받침			ㄴ받침			ㄷ받침		
ㄱ	극			근			귿		
ㄴ	늑			는			늗		
ㄷ	득			든			듣		
ㄹ	륵			른			륻		
ㅁ	믁			믄			믇		
ㅂ	븍			븐			븓		
ㅅ	슥			슨			슫		
ㅇ	윽			은			읃		
ㅈ	즉			즌			즏		
ㅊ	측			츤			츧		
ㅋ	큭			큰			큳		
ㅌ	특			튼			튿		
ㅍ	픅			픈			픋		
ㅎ	흑			흔			흗		

모음자 ㅡ	ㄹ받침			ㅁ받침			ㅂ받침		
ㄱ	글			금			급		
ㄴ	늘			늠			늡		
ㄷ	들			듬			듭		
ㄹ	를			름			릅		
ㅁ	믈			믐			믑		
ㅂ	블			븜			븝		
ㅅ	슬			슴			습		
ㅇ	을			음			읍		
ㅈ	즐			즘			즙		
ㅊ	츨			츰			츱		
ㅋ	클			큼			큽		
ㅌ	틀			틈			틉		
ㅍ	플			픔			픕		
ㅎ	흘			흠			흡		

모음자 ―	ㅅ받침			ㅇ받침		
ㄱ	긋			긍		
ㄴ	늣			능		
ㄷ	듯			등		
ㄹ	릇			릉		
ㅁ	믓			믕		
ㅂ	븟			붕		
ㅅ	슷			승		
ㅇ	읏			응		
ㅈ	즛			증		
ㅊ	츳			층		
ㅋ	큿			킁		
ㅌ	틋			틍		
ㅍ	픗			픙		
ㅎ	흣			흥		

모음자 ㅡ	ㅈ받침			ㅊ받침			ㅌ받침		
ㄱ				긏					
ㄴ	늦								
ㅎ							흩		

모음자 ㅡ	ㄺ받침			ㄼ받침			ㄾ받침		
ㄱ	긁								
ㄴ	늑								
ㅇ				읊					
ㅎ							흝		

모음자 ㅡ	ㄿ받침		
ㅇ	읊		

모음자 ㅗ	ㄱ받침			ㄴ받침			ㄷ받침		
ㄱ	곡			곤			곧		
ㄴ	녹			논			녿		
ㄷ	독			돈			돋		
ㄹ	록			론			롣		
ㅁ	목			몬			몯		
ㅂ	복			본			볻		
ㅅ	속			손			솓		
ㅇ	옥			온			옫		
ㅈ	족			존			졷		
ㅊ	촉			촌			촏		
ㅋ	콕			콘			콛		
ㅌ	톡			톤			톧		
ㅍ	폭			폰			폳		
ㅎ	혹			혼			혿		

모음자 ㅗ	ㄹ받침			ㅁ받침			ㅂ받침		
ㄱ	골			곰			곱		
ㄴ	놀			놈			놉		
ㄷ	돌			돔			돕		
ㄹ	롤			롬			롭		
ㅁ	몰			몸			몹		
ㅂ	볼			봄			봅		
ㅅ	솔			솜			솝		
ㅇ	올			옴			옵		
ㅈ	졸			좀			좁		
ㅊ	촐			촘			촙		
ㅋ	콜			콤			콥		
ㅌ	톨			톰			톱		
ㅍ	폴			폼			폽		
ㅎ	홀			홈			홉		

모음자 ㅗ	ㅅ받침			ㅇ받침		
ㄱ	곳			공		
ㄴ	놋			농		
ㄷ	돗			동		
ㄹ	롯			롱		
ㅁ	못			몽		
ㅂ	봇			봉		
ㅅ	솟			송		
ㅇ	옷			옹		
ㅈ	좃			종		
ㅊ	촛			총		
ㅋ	콧			콩		
ㅌ	톳			통		
ㅍ	폿			퐁		
ㅎ	홋			홍		

모음자 ㅗ	ㅊ받침			ㅌ받침			ㅍ받침		
ㄴ							높		
ㄷ	돛			돝					
ㅅ				솥					
ㅇ	옻								
ㅈ	좇								
ㅎ				홑					

모음자 ㅗ	ㅎ받침			ㄺ받침			ㄽ받침		
ㄱ							곪		
ㅇ				옭			옮		
ㅈ	좋								

모음자 ㅛ	ㄱ받침			ㄴ받침			ㄹ받침		
ㅅ	쇽			숀			숄		
ㅇ	욕						욜		

모음자 ㅛ	ㅁ받침			ㅂ받침			ㅅ받침		
ㅅ				숍			숏		
ㅇ	욤			욥			욧		
ㅍ							푯		

모음자 ㅛ	ㅇ받침		
ㄴ	뇽		
ㄹ	룡		
ㅇ	용		

모음자 ㅜ	ㄱ받침			ㄴ받침			ㄷ받침		
ㄱ	국			군			굳		
ㄴ	눅			눈			눋		
ㄷ	둑			둔			둗		
ㄹ	룩			룬			룯		
ㅁ	묵			문			묻		
ㅂ	북			분			붇		
ㅅ	숙			순			숟		
ㅇ	욱			운			욷		
ㅈ	죽			준			줃		
ㅊ	축			춘			춛		
ㅋ	쿡			쿤			쿧		
ㅌ	툭			툰			툳		
ㅍ	푹			푼			푿		
ㅎ	훅			훈			훋		

모음자 ㅜ	ㄹ받침		ㅁ받침		ㅂ받침	
ㄱ	굴		굼		굽	
ㄴ	눌		눔		눕	
ㄷ	둘		둠		둡	
ㄹ	룰		룸		룹	
ㅁ	물		뭄		뭅	
ㅂ	불		붐		붑	
ㅅ	술		숨		숩	
ㅇ	울		움		웁	
ㅈ	줄		줌		줍	
ㅊ	출		춤		춥	
ㅋ	쿨		쿰		쿱	
ㅌ	툴		툼		툽	
ㅍ	풀		품		풉	
ㅎ	훌		훔		훕	

모음자 ㅜ	ㅅ받침			ㅇ받침		
ㄱ	굿			궁		
ㄴ	눗			눙		
ㄷ	둣			둥		
ㄹ	룻			룽		
ㅁ	뭇			뭉		
ㅂ	붓			붕		
ㅅ	숫			숭		
ㅇ	웃			웅		
ㅈ	줏			중		
ㅊ	춧			충		
ㅋ	쿳			쿵		
ㅌ	툿			퉁		
ㅍ	풋			풍		
ㅎ	훗			훙		

모음자 ㅜ	ㅈ받침		ㅊ받침		ㅌ받침	
ㄱ	궂					
ㅁ					뭍	
ㅂ					붙	
ㅅ			숯		숱	

모음자 ㅜ	ㄲ받침		ㄻ받침		ㄿ받침	
ㄱ			굶			
ㅁ	묶					
ㅎ					훑	

모음자 ㅠ	ㄱ받침			ㄴ받침			ㄹ받침		
ㄱ				균			귤		
ㄴ	늌						뉼		
ㄹ	륙			륜			률		
ㅁ				뮨			뮬		
ㅅ							슐		
ㅇ	육			윤			율		
ㅈ				쥰			쥴		
ㅊ				춘			츌		
ㅍ							퓰		
ㅎ							휼		

모음자 ㅠ	ㅁ받침			ㅅ받침			ㅇ받침		
ㄴ	늄						늉		
ㄷ	듐								
ㄹ	륨						륭		
ㅅ	슘			슛					
ㅇ							융		
ㅎ	흄						흉		

모음자 ㅠ	ㅊ받침		
ㅇ	윷		

모음자 ㅡ	ㄱ받침			ㄴ받침			ㄷ받침		
ㄲ	끅			끈					
ㄸ	뜩			뜬			뜯		
ㅃ	뿍			쁜					
ㅆ	쓱			쓴					
ㅉ	쯕			쯘					

모음자 ㅡ	ㄹ받침			ㅁ받침			ㅂ받침		
ㄲ	끌			끔			끕		
ㄸ	뜰			뜸			뜹		
ㅃ	쁠			쁨			쁩		
ㅆ	쓸			씀			씁		
ㅉ	쯜			쯤			쯥		

모음자 ㅡ	ㅅ받침			ㅇ받침		
ㄲ	끗			끙		
ㄸ	뜻			뜽		
ㅃ	뻿			뻥		
ㅆ	쏫			쏭		
ㅉ	쯧			쫑		

모음자 ㅡ	ㄶ받침			ㄺ받침			ㅀ받침		
ㄲ	끊						끓		
ㅆ				쓺					

모음자 ㅗ	ㄱ받침			ㄴ받침			ㄷ받침		
ㄲ	꼭			꼰					
ㄸ	똑			똔					
ㅃ	뽁			뽄					
ㅆ	쏙			쏜			쏟		
ㅉ	쪽			쫀					

모음자 ㅗ	ㄹ받침			ㅁ받침			ㅂ받침		
ㄲ	꼴			꼼			꼽		
ㄸ	똘			똠			똡		
ㅃ	뽈			뽐			뽑		
ㅆ	쏠			쏨			쏩		
ㅉ	쫄			쫌			쫍		

모음자 ㅗ	ㅅ받침			ㅇ받침			ㅈ받침		
ㄲ	꼿			꽁			꽂		
ㄸ	똣			똥					
ㅃ	뽓			뽕					
ㅆ	쏫			쏭					
ㅉ	쫏			쫑			쫒		

모음자 ㅗ	ㅊ받침		
ㄲ	꽃		
ㅉ	쫓		

모음자 ㅜ	ㄱ받침			ㄴ받침			ㄹ받침		
ㄲ	꾹			꾼			꿀		
ㄸ	뚝			뚠			뚤		
ㅃ	뿍			뿐			뿔		
ㅆ	쑥			쑨			쑬		
ㅉ	쭉			쭌			쭐		

모음자 ㅜ	ㅁ받침			ㅂ받침			ㅅ받침		
ㄲ	꿈			꿉			꿋		
ㄸ	뚬			뚭			뚯		
ㅃ	뿜			뿝			뿟		
ㅆ	쑴			쑵			쑷		
ㅉ	쭘			쭙			쭛		

모음자 ㅜ	ㅇ받침			ㅀ받침		
ㄲ	꿍			꿇		
ㄸ	뚱					
ㅃ	뿡					
ㅆ	쑹					
ㅉ	쭝					

2.3. 좌우상하결합형

모음자 ㅣ	ㄱ받침			ㄴ받침			ㄷ받침		
ㄱ	긱			긴			긷		
ㄴ	닉			닌			닏		
ㄷ	딕			딘			딛		
ㄹ	릭			린			릳		
ㅁ	믹			민			믿		
ㅂ	빅			빈			빋		
ㅅ	식			신			싣		
ㅇ	익			인			읻		
ㅈ	직			진			짇		
ㅊ	칙			친			칟		
ㅋ	킥			킨			킫		
ㅌ	틱			틴			틷		
ㅍ	픽			핀			핃		
ㅎ	힉			힌			힏		

모음자 ㅣ	ㄹ받침			ㅁ받침			ㅂ받침		
ㄱ	길			김			깁		
ㄴ	닐			님			닙		
ㄷ	딜			딤			딥		
ㄹ	릴			림			립		
ㅁ	밀			밈			밉		
ㅂ	빌			빔			빕		
ㅅ	실			심			십		
ㅇ	일			임			입		
ㅈ	질			짐			집		
ㅊ	칠			침			칩		
ㅋ	킬			킴			킵		
ㅌ	틸			팀			팁		
ㅍ	필			핌			핍		
ㅎ	힐			힘			힙		

모음자 ㅣ	ㅅ받침			ㅇ받침			ㅈ받침		
ㄱ	깃			깅					
ㄴ	닛			닝					
ㄷ	딧			딩					
ㄹ	릿			링					
ㅁ	밋			밍					
ㅂ	빗			빙			빚		
ㅅ	싯			싱					
ㅇ	잇			잉			잊		
ㅈ	짓			징					
ㅊ	칫			칭					
ㅋ	킷			킹					
ㅌ	팃			팅					
ㅍ	핏			핑					
ㅎ	힛			힝					

모음자 ㅣ	ㅊ받침			ㅌ받침			ㅍ받침		
ㄱ							깊		
ㅁ	및			밑					
ㅂ	빛								
ㅅ							싶		
ㅇ							잎		
ㅈ				짙			짚		

모음자 ㅣ	ㅆ받침			ㄺ받침			ㄿ받침		
ㅇ	있			읽					
ㅈ							짊		
ㅍ							픎		

모음자 ㅏ	ㄱ받침			ㄴ받침			ㄷ받침		
ㄱ	각			간			갇		
ㄴ	낙			난			낟		
ㄷ	닥			단			닫		
ㄹ	락			란			랃		
ㅁ	막			만			맏		
ㅂ	박			반			받		
ㅅ	삭			산			삳		
ㅇ	악			안			앋		
ㅈ	작			잔			잗		
ㅊ	착			찬			찯		
ㅋ	칵			칸			칻		
ㅌ	탁			탄			탇		
ㅍ	팍			판			팓		
ㅎ	학			한			핟		

모음자 ㅏ	ㄹ받침			ㅁ받침			ㅂ받침		
ㄱ	갈			감			갑		
ㄴ	날			남			납		
ㄷ	달			담			답		
ㄹ	랄			람			랍		
ㅁ	말			맘			맙		
ㅂ	발			밤			밥		
ㅅ	살			삼			삽		
ㅇ	알			암			압		
ㅈ	잘			잠			잡		
ㅊ	찰			참			찹		
ㅋ	칼			캄			캅		
ㅌ	탈			탐			탑		
ㅍ	팔			팜			팝		
ㅎ	할			함			합		

모음자 ㅏ	ㅅ받침			ㅇ받침			ㅈ받침		
ㄱ	갓			강			갖		
ㄴ	낫			낭			낮		
ㄷ	닷			당			닺		
ㄹ	랏			랑					
ㅁ	맛			망			맞		
ㅂ	밧			방					
ㅅ	삿			상					
ㅇ	앗			앙			잦		
ㅈ	잣			장					
ㅊ	찻			창			찾		
ㅋ	캇			캉					
ㅌ	탓			탕					
ㅍ	팟			팡					
ㅎ	핫			항					

모음자 ㅏ	ㅊ받침			ㅌ받침			ㅍ받침		
ㄱ	갖			같			갚		
ㄴ	낮			낱					
ㅁ				맡					
ㅂ				밭					
ㅅ				샅					
ㅇ				앝			앞		

모음자 ㅏ	ㅎ받침		
ㄱ	갛		
ㄴ	낳		
ㄷ	닿		
ㄹ	랑		
ㅁ	맣		

모음자 ㅏ	ㄲ받침			ㅆ받침			ㄳ받침		
ㄱ				갔					
ㄴ	낚								
ㄷ	닦								
ㅅ							삯		
ㅇ				았					
ㅂ	밖								

모음자 ㅏ	ㄶ받침			ㄶ받침			ㄹㄱ받침		
ㄱ							갉		
ㄴ							낡		
ㄷ							닭		
ㅁ							맑		
ㅂ							밝		
ㅅ							삵		
ㅇ	앉			앓					
ㅊ				찮					
ㅌ							탉		

모음자 ㅏ	ㄺ받침			ㄼ받침			ㄾ받침		
ㄱ	갉								
ㄴ	낢								
ㄷ	닭								
ㅁ	맑								
ㅂ				밟					
ㅅ	삶								
ㅇ	앎								
ㅍ	팖								
ㅎ							핥		

모음자 ㅏ	ㅀ받침		ㅄ받침	
ㄱ			값	
ㄷ	닳			
ㅇ	앓			

모음자 ㅓ	ㄱ받침			ㄴ받침			ㄷ받침		
ㄱ	겍			건			걷		
ㄴ	넉			넌			넏		
ㄷ	덕			던			덛		
ㄹ	럭			런			럳		
ㅁ	먹			먼			먿		
ㅂ	벅			번			벋		
ㅅ	석			선			섣		
ㅇ	억			언			얻		
ㅈ	적			전			젇		
ㅊ	척			천			첟		
ㅋ	컥			컨			컫		
ㅌ	턱			턴			턷		
ㅍ	퍽			펀			펀		
ㅎ	헉			헌			헏		

모음자 ㅓ	ㄹ받침			ㅁ받침			ㅂ받침		
ㄱ	걸			검			겁		
ㄴ	널			넘			넙		
ㄷ	덜			덤			덥		
ㄹ	럴			럼			럽		
ㅁ	멀			멈			멉		
ㅂ	벌			범			법		
ㅅ	설			섬			섭		
ㅇ	얼			엄			업		
ㅈ	절			점			접		
ㅊ	철			첨			첩		
ㅋ	컬			컴			컵		
ㅌ	털			텀			텁		
ㅍ	펄			펌			펍		
ㅎ	헐			험			협		

모음자 ㅓ	ㅅ받침			ㅇ받침			ㅈ받침		
ㄱ	겻			경					
ㄴ	넛			넝					
ㄷ	덧			덩					
ㄹ	럿			렁					
ㅁ	멋			멍			멎		
ㅂ	벗			벙			벚		
ㅅ	섯			성					
ㅇ	엇			엉			엊		
ㅈ	젓			정			젖		
ㅊ	첫			청					
ㅋ	컷			컹					
ㅌ	텃			텅					
ㅍ	펏			펑					
ㅎ	헛			헝					

모음자 ㅓ	ㅊ받침			ㅋ받침			ㅌ받침		
ㄱ							겉		
ㄷ	덪								
ㅇ				엌					

모음자 ㅓ	ㅍ받침			ㅎ받침		
ㄱ				겋		
ㄴ				넣		
ㄷ	덮					
ㄹ				렇		
ㅁ				멓		
ㅅ	섶					

모음자 ㅓ	쓰받침			리받침		
ㄹ	렀					
ㅇ	었			얽		
ㅊ	첬					
ㅋ	컸					
ㅌ	텄					
ㅍ	펐					
ㅎ	헀					

모음자 ㅐ	ㄱ받침			ㄴ받침			ㄹ받침		
ㄱ	객			갠			갤		
ㄴ	낵			낸			낼		
ㄷ	댁			댄			댈		
ㄹ	랙			랜			랠		
ㅁ	맥			맨			맬		
ㅂ	백			밴			밸		
ㅅ	색			샌			샐		
ㅇ	액			앤			앨		
ㅈ	잭			잰			잴		
ㅊ	책			챈			챌		
ㅋ	캑			캔			캘		
ㅌ	택			탠			탤		
ㅍ	팩			팬			팰		
ㅎ	핵			핸			핼		

모음자 ㅐ	ㅁ받침			ㅂ받침			ㅅ받침		
ㄱ	갬			갭			갯		
ㄴ	냄			냅			냇		
ㄷ	댐			댑			댓		
ㄹ	램			랩			랫		
ㅁ	맴			맵			맷		
ㅂ	뱀			뱁			뱃		
ㅅ	샘			샙			샛		
ㅇ	앰			앱			앳		
ㅈ	잼			잽			잿		
ㅊ	챔			챕			챗		
ㅋ	캠			캡			캣		
ㅌ	탬			탭			탯		
ㅍ	팸			팹			팻		
ㅎ	햄			햅			햇		

모음자 ㅐ	ㅇ받침			ㅈ받침			ㅌ받침		
ㄱ	갱								
ㄴ	냉								
ㄷ	댕								
ㄹ	랭								
ㅁ	맹			맺					
ㅂ	뱅						뱉		
ㅅ	생								
ㅇ	앵								
ㅈ	쟁								
ㅊ	챙								
ㅋ	캥								
ㅌ	탱								
ㅍ	팽								
ㅎ	행								

모음자 ㅔ	ㄱ받침			ㄴ받침			ㄹ받침		
ㄱ	겍			겐			겔		
ㄴ	넥			넨			넬		
ㄷ	덱			덴			델		
ㄹ	렉			렌			렐		
ㅁ	멕			멘			멜		
ㅂ	벡			벤			벨		
ㅅ	섹			센			셀		
ㅇ	엑			엔			엘		
ㅈ	젝			젠			젤		
ㅊ	첵			첸			첼		
ㅋ	켁			켄			켈		
ㅌ	텍			텐			텔		
ㅍ	펙			펜			펠		
ㅎ	헥			헨			헬		

모음자 ㅔ	ㅁ받침			ㅂ받침			ㅅ받침		
ㄱ	겜			겝			겟		
ㄴ	넴			넵			넷		
ㄷ	뎀			뎁			뎃		
ㄹ	렘			렙			렛		
ㅁ	멤			멥			멧		
ㅂ	벰			벱			벳		
ㅅ	셈			셉			셋		
ㅇ	엠			엡			엣		
ㅈ	젬			젭			젯		
ㅊ	쳄			쳅			쳇		
ㅋ	켐			켑			켓		
ㅌ	템			텝			텟		
ㅍ	펨			펩			펫		
ㅎ	헴			헵			헷		

모음자 ㅔ	ㅇ받침		
ㄱ	겡		
ㄴ	넹		
ㄷ	뎅		
ㄹ	렝		
ㅁ	멩		
ㅂ	벵		
ㅅ	셍		
ㅇ	엥		
ㅈ	젱		
ㅊ	쳉		
ㅋ	켕		
ㅌ	텡		
ㅍ	펭		
ㅎ	헹		

모음자 ㅑ	ㄱ받침			ㄴ받침			ㄹ받침		
ㄱ	갹						걀		
ㄴ	냑			냔			냘		
ㄹ	략								
ㅅ	샥			샨			샬		
ㅇ	약			얀			얄		
ㅈ	쟉			쟌					
ㅊ				챤					
ㅋ	컍								
ㅍ	퍅								

모음자 ㅑ	ㅁ받침			ㅂ받침			ㅅ받침		
ㄴ	냠								
ㅂ				뱝					
ㅅ	샴			샵			샷		
ㅇ	얌			얍			얏		

모음자 ㅑ	ㅇ받침			ㅌ받침			ㅎ받침		
ㄴ	냥								
ㄹ	량								
ㅅ	샹								
ㅇ	양			앝			않		
ㅈ	쟝								
ㅎ	향								

모음자 ㅕ	ㄱ받침			ㄴ받침			ㄷ받침		
ㄱ	격			견			견		
ㄴ	녀			년					
ㄹ	력			련					
ㅁ	몍			면					
ㅂ	벽			변					
ㅅ				션					
ㅇ	역			연			연		
ㅈ				젼					
ㅋ				켠					
ㅍ				편					
ㅎ	혁			현					

모음자 ㅕ	ㄹ받침			ㅁ받침			ㅂ받침		
ㄱ	결			겸			겹		
ㄴ	녈			념			녑		
ㄹ	렬			렴			렵		
ㅁ	멸								
ㅂ	별								
ㅅ	셜								
ㅇ	열			염			엽		
ㅋ	켤			켬			켭		
ㅍ	펼			폄			폅		
ㅎ	혈			혐			협		

모음자 ㅕ	ㅅ받침			ㅇ받침			ㅊ받침		
ㄱ				경					
ㄴ				녕					
ㄹ	렷			령					
ㅁ				명			몇		
ㅂ	볏			병					
ㅇ	엿			영					
ㅋ	켯			켱					
ㅍ				평					
ㅎ	혓			형					

모음자 ㅕ	ㅋ받침			ㅌ받침			ㅍ받침		
ㄱ				곁					
ㄴ	녘								
ㅂ				볕					
ㅇ				옅			옆		

모음자 ㅕ	ㅎ받침	
ㅇ	옇	

모음자 ㅒ	ㄴ받침			ㄹ받침		
ㄱ	걘			걜		
ㅇ	얜			얠		
ㅈ	쟨			쟬		

모음자 ㅖ	ㅅ받침		
ㄱ	곗		
ㄴ	녯		
ㄹ	롓		
ㅇ	옛		

모음자 ㅣ	ㄱ받침			ㄴ받침			ㄹ받침		
ㄲ	끽			낀			낄		
ㄸ	띡			띤			띨		
ㅃ	삑			삔			삘		
ㅆ	씩			씬			씰		
ㅉ	찍			찐			찔		

모음자 ㅣ	ㅁ받침			ㅂ받침			ㅅ받침		
ㄲ	낌			낍			낏		
ㄸ	띰			띱			띳		
ㅃ	삠			삡			삣		
ㅆ	씸			씹			씻		
ㅉ	찜			찝			찟		

모음자 ㅣ	ㅇ받침			ㅈ받침		
ㄲ	낑					
ㄸ	띵					
ㅃ	삥					
ㅆ	씽					
ㅉ	찡			찢		

모음자 ㅏ	ㄱ받침			ㄴ받침			ㄹ받침	
ㄲ	깍			깐			깔	
ㄸ	딱			딴			딸	
ㅃ	빡			빤			빨	
ㅆ	싹			싼			쌀	
ㅉ	짝			짠			짤	

모음자 ㅏ	ㅁ받침			ㅂ받침			ㅅ받침	
ㄲ	깜			깝			깟	
ㄸ	땀			땁			땃	
ㅃ	빰			빱			빳	
ㅆ	쌈			쌉			쌋	
ㅉ	짬			짭			짯	

모음자 ㅏ	ㅇ받침			ㄲ받침			ㅆ받침		
ㄲ	깡			깎			깠		
ㄸ	땅						땄		
ㅃ	빵						빴		
ㅆ	쌍						쌌		
ㅉ	짱						짰		

모음자 ㅏ	ㄲ받침		
ㄲ	깎		
ㅃ	빪		

모음자 ㅓ	ㄱ받침			ㄴ받침			ㄷ받침		
ㄲ	꺽			껀					
ㄸ	떡			떤					
ㅃ	뻑			뻔			뻗		
ㅆ	썩			썬					
ㅉ	쩍			쩐					

모음자 ㅓ	ㄹ받침			ㅁ받침			ㅂ받침		
ㄲ	껄			껌			껍		
ㄸ	떨			떰			떱		
ㅃ	뻘			뻠			뻡		
ㅆ	썰			썸			썹		
ㅉ	쩔			쩜			쩝		

모음자 ㅓ	ㅅ받침			ㅇ받침			ㄲ받침		
ㄲ	껏			껑			꺾		
ㄸ	떳			떵					
ㅃ	뻣			뻥					
ㅆ	썻			썽					
ㅉ	쩟			쩡					

모음자 ㅓ	ㅆ받침			ㄻ받침		
ㄲ	껐					
ㄸ	떴			떪		
ㅃ	뻤					
ㅆ	썼			썲		
ㅉ				쩖		

모음자 ㅐ	ㄱ받침			ㄴ받침			ㄹ받침		
ㄲ	깩			깬			깰		
ㄸ	땍			땐			땔		
ㅃ	뺙			뺸			뺄		
ㅆ	쌕			쌘			쌜		
ㅉ	짹			짼			짤		

모음자 ㅐ	ㅁ받침			ㅂ받침			ㅅ받침		
ㄲ	깸			깹			깻		
ㄸ	땜			땝			땟		
ㅃ	뺌			뺍			뺏		
ㅆ	쌤			쌥			쌧		
ㅉ	짬			짭			짯		

모음자 ㅐ	ㅇ받침			ㅆ받침		
ㄲ	깽			깼		
ㄸ	땡			땠		
ㅃ	뺑			뺐		
ㅆ	쌩			쌨		
ㅉ	쨍			쨌		

모음자 ㅔ	ㄱ받침			ㄴ받침			ㄹ받침		
ㄲ	껙			껜			껠		
ㄸ	떽			뗀			뗄		
ㅃ	뼥			뺀			뺄		
ㅆ	쎅			쎈			쎌		
ㅉ	쩩			쩬			쩰		

모음자 ㅔ	ㅁ받침			ㅂ받침			ㅅ받침		
ㄲ	껨			껩			껫		
ㄸ	뗌			뗍			뗏		
ㅃ	뻄			뻅			뻿		
ㅆ	쎔			쎕			쎗		
ㅉ	쩸			쩹			쩻		

모음자 ㅔ	ㅇ받침			ㅆ받침		
ㄲ	껭					
ㄸ	뗑			뗐		
ㅃ	뼁					
ㅆ	쎙					
ㅉ	쩽					

모음자 ㅑ	ㄱ받침			ㄴ받침			ㅁ받침		
ㄲ	꺅								
ㅃ							뺨		
ㅆ	썍						썀		
ㅉ	짝			쨘					

모음자 ㅑ	ㅅ받침			ㅇ받침		
ㄲ	꺗					
ㅉ				쨩		

모음자 ㅕ	ㄱ받침			ㄴ받침			ㄹ받침		
ㄲ				껸			껼		
ㅃ	뼉								
ㅉ	쪅								

모음자 ㅕ	ㅁ받침			ㅅ받침			ㅇ받침		
ㄲ	껨								
ㅃ	뼘			뼷			뼝		

2.4. ᅴ형

	과			ᅯ			ᅴ		
ㄱ	과			귀			긔		
ㄴ	놔			눠			늬		
ㄷ	똬			둬			듸		
ㄹ	롸			뤄			릐		
ㅁ	뫄			뭐			믜		
ㅂ	봐			붜			븨		
ㅅ	솨			쉬			싀		
ㅇ	와			워			의		
ㅈ	좌			줘			즤		
ㅊ	촤			춰			츼		
ㅋ	콰			쿼			킈		
ㅌ	톼			퉈			틔		
ㅍ	퐈			풔			픠		
ㅎ	화			훠			희		

	ㅚ			ㅟ			ㅙ		
ㄱ	괴			귀			괘		
ㄴ	뇌			뉘			놰		
ㄷ	되			뒤			돼		
ㄹ	뢰			뤼			뢔		
ㅁ	뫼			뮈			뫠		
ㅂ	뵈			뷔			뵈		
ㅅ	쇠			쉬			쇄		
ㅇ	외			위			왜		
ㅈ	조			쥐			좌		
ㅊ	최			취			쵀		
ㅋ	쾨			퀴			쾌		
ㅌ	퇴			튀			퇘		
ㅍ	푀			퓌			퐤		
ㅎ	회			휘			홰		

	궤		
ㄱ	궤		
ㄴ	눼		
ㄷ	뒈		
ㄹ	뤠		
ㅁ	뭬		
ㅂ	붸		
ㅅ	쉐		
ㅇ	웨		
ㅈ	줴		
ㅊ	췌		
ㅋ	퀘		
ㅌ	퉤		
ㅍ	풰		
ㅎ	훼		

	과			궈			ᅴ		
ㄲ	꽈			꿔			끠		
ㄸ	똬			뚸			띄		
ㅃ	뽜			뿨			쁴		
ㅆ	쏴			쒀			씌		
ㅉ	쫘			쭤			쯰		

	ᅬ			ᅱ			ᅫ		
ㄲ	꾀			뀌			꽤		
ㄸ	뙤			뛰			뙈		
ㅃ	뾔			쀠			뾔		
ㅆ	쐬			쒸			쐐		
ㅉ	쬐			쮜			쫴		

	꼐		
ㄲ	꿰		
ㄸ	뛔		
ㅃ	뻬		
ㅆ	쒜		
ㅉ	쮀		

모음자 ㅘ	ㄱ받침			ㄴ받침			ㄹ받침		
ㄱ	곽			관			괄		
ㅅ	쏵						쐴		
ㅇ	왁			완			왈		
ㅈ	좍						좔		
ㅊ							촬		
ㅋ	콱						콸		
ㅎ	확			환			활		

모음자 ㅘ	ㅁ받침			ㅅ받침			ㅇ받침		
ㄱ	괌						광		
ㅇ				왓			왕		
ㅋ							쾅		
ㅎ				홧			황		

모음자 ㅝ	ㄱ받침			ㄴ받침			ㄹ받침		
ㄱ				권			궐		
ㅁ				뭔			뭘		
ㅂ							뷜		
ㅅ							쉴		
ㅇ	웍			원			월		
ㅋ							퀄		
ㅎ				훤			휠		

모음자 ㅝ	ㅁ받침			ㅅ받침			ㅇ받침		
ㅁ	뭠			뭣					
ㅇ							윙		
ㅎ							훵		

모음자 ㅓ	ㄴ받침			ㄹ받침			ㅅ받침		
ㄴ				넌					
ㅇ							엇		
ㅎ	헌			헐					

모음자 ㅓ	ㅇ받침		
ㄴ	넝		

모음자 ㅚ	ㄱ받침			ㄴ받침			ㄹ받침		
ㄱ	괵			괸			괼		
ㄴ	뇍			뇐			뇔		
ㄷ	되			된			될		
ㄹ	뢱			뢴			뢸		
ㅁ	뫽			묀			묄		
ㅂ	뵉			뵌			뵐		
ㅅ	쇠			쇤			쇨		
ㅇ	왹			왼			욀		
ㅈ	죄			죈			죌		
ㅊ	쵝			쵠			쵤		
ㅋ	쾩			쾬			쾰		
ㅌ	퇵			퇸			퇼		
ㅍ	푁			푄			푈		
ㅎ	획			횐			횔		

모음자 ㅚ	ㅁ받침			ㅂ받침			ㅅ받침		
ㄱ	굄			굅			굇		
ㄴ	뇜			뇝			뇟		
ㄷ	뒴			뒵			뒷		
ㄹ	룀			룁			룃		
ㅁ	묌			묍			묏		
ㅂ	뵘			뵙			뵛		
ㅅ	쇰			쇱			쇳		
ㅇ	욈			욉			욋		
ㅈ	죔			죕			죗		
ㅊ	쵬			쵭			쵯		
ㅋ	쾸			쾹			쾻		
ㅌ	퇌			퇵			퇫		
ㅍ	푐			푑			푓		
ㅎ	횀			횁			횟		

모음자 ㅚ	ㅇ받침		
ㄱ	굉		
ㄴ	뇡		
ㄷ	됭		
ㄹ	룅		
ㅁ	묑		
ㅂ	뵁		
ㅅ	쇵		
ㅇ	욍		
ㅈ	죙		
ㅊ	춍		
ㅋ	쾽		
ㅌ	툉		
ㅍ	푕		
ㅎ	횡		

모음자 ㅟ	ㄱ받침			ㄴ받침			ㄹ받침		
ㄱ	귁			귄			귈		
ㄴ	뉙			뉜			뉠		
ㄷ	뒥			뒨			뒬		
ㄹ	뤽			뤼			륄		
ㅁ	뮥			뮨			뮐		
ㅂ	뷕			뷘			뷜		
ㅅ	쉭			쉰			쉴		
ㅇ	윅			윈			월		
ㅈ	쥑			쥔			쥘		
ㅊ	췩			췬			췰		
ㅋ	퀵			퀸			퀼		
ㅌ	튁			튄			튈		
ㅍ	퓍			퓐			퓔		
ㅎ	휙			휜			휠		

모음자 ㅟ	ㅁ받침			ㅂ받침			ㅅ받침		
ㄱ	귐			귑			귓		
ㄴ	뉨			뉩			뉫		
ㄷ	뒴			뒵			뒷		
ㄹ	륌			륍			륏		
ㅁ	뮘			뮙			뮛		
ㅂ	뷤			뷥			뷧		
ㅅ	쉼			쉽			쉿		
ㅇ	윔			윕			윗		
ㅈ	쥠			쥡			쥣		
ㅊ	췸			췹			췻		
ㅋ	큄			큅			큇		
ㅌ	튐			튑			튓		
ㅍ	퓜			퓝			퓟		
ㅎ	휨			휩			휫		

모음자 ㅟ	ㅇ받침		
ㄱ	귕		
ㄴ	뉭		
ㄷ	뒹		
ㄹ	륑		
ㅁ	묑		
ㅂ	븽		
ㅅ	슁		
ㅇ	윙		
ㅈ	징		
ㅊ	층		
ㅋ	큉		
ㅌ	튕		
ㅍ	픵		
ㅎ	휭		

모음자 받침	ㄱ받침			ㄴ받침			ㅂ받침		
ㄱ				괜			괩		
ㅅ							쇕		
ㅇ	왝			왠			왭		
ㅎ	홱								

모음자 받침	ㅅ받침			ㅇ받침		
ㄱ				괭		
ㅇ	왯			왱		
ㅈ				좽		
ㅎ	횃			횅		

모음자 계	ㄱ받침			ㄴ받침			ㄹ받침		
ㅅ							쉘		
ㅇ	웩			웬			웰		

모음자 계	ㅂ받침			ㅇ받침		
ㄱ	귑					
ㄷ				뒝		
ㅅ				쉥		
ㅇ				웽		
ㅎ				휑		

모음자 ㅘ	ㄱ받침			ㄴ받침			ㄹ받침		
ㄲ	꽉			꽌					
ㅆ	쏵						쏼		
ㅉ	쫙						쫠		

모음자 ㅘ	ㅇ받침		
ㄲ	꽝		

모음자 ㅝ	ㄱ받침			ㄴ받침			ㅇ받침		
ㄲ	꿕			꿘			꿩		

모음자 ㅚ	ㄱ받침			ㄴ받침			ㄹ받침		
ㄲ	꾁			꾄			꾈		
ㄸ	뙥			뙨			뙬		
ㅃ	뾐			뾘			뾜		
ㅆ	쐭			쐰			쐴		
ㅉ	쬑			쬔			쬘		

모음자 ㅚ	ㅁ받침			ㅂ받침			ㅅ받침		
ㄲ	꾐			꾑			꾓		
ㄸ	뙴			뙵			뙷		
ㅃ	뾤			뾥			뾧		
ㅆ	쐼			쐽			쐿		
ㅉ	쬠			쬡			쬣		

모음자 ㅚ	ㅇ받침		
ㄲ	꾕		
ㄸ	뙹		
ㅃ	뾍		
ㅆ	쐰		
ㅉ	쬉		

모음자 ㅟ	ㄱ받침			ㄴ받침			ㄹ받침		
ㄲ	뀍			뀐			뀔		
ㄸ	뛱			뛴			뛸		
ㅃ	쀡			쀤			쀨		
ㅆ	쒹			쒼			쒼		
ㅉ	쮜			쮜			쮤		

모음자 ㅟ	ㅁ받침			ㅂ받침			ㅅ받침		
ㄲ	뀜			뀝			뀟		
ㄸ	뛰ᄆ			뛰ᄇ			뛰ᄉ		
ㅃ	쀰			쀱			쀳		
ㅆ	쒸ᄆ			쒸ᄇ			쒸ᄉ		
ㅉ	쮸ᄆ			쮸ᄇ			쮸ᄉ		

모음자 ᅱ	ㅇ받침		
ㄲ	뀡		
ㄸ	뛩		
ㅃ	쀙		
ㅆ	쒱		
ㅉ	쮕		

모음자	과			궈			괴		
ㄲ	꽜			꿨					
ㅆ							쐬		
ㅉ							쬐		

모음자	궤		
ㄲ	꿰		

3. 단어

현대는 많은 정보들이 홍수와 같이 우리들에게 밀려오고 또 그 정보를 떠나서는 온전한 사회생활을 해 나갈 수 없을 정도가 되었다. 이러한 수많은 정보들은 시각적인 문자를 통하여 우리에게 전달되고 있다. 이러한 상황에서 생각을 담고 있는 의미의 최소 단위인 단어의 올바른 생활은 매우 중요하다.

한국어에서 단어는 독립적으로 쓰이는 말의 단위이기 때문에, 글은 단어를 단위로 하여 띄어 쓰는 것이 원칙이다. 이곳에서는 한국어의 단어를 품사에 따라 소개하고자 한다.

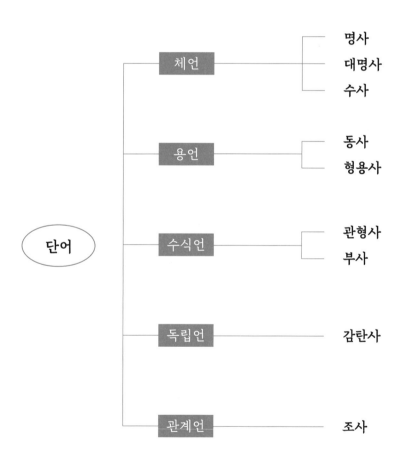

3.1. 명사

사물의 이름을 나타내는 단어이다. 자립적으로 쓰이느냐 그 앞에 반드시 꾸미는 말이 있어야 하느냐에 따라 자립명사와 의존명사로 나뉜다.

3.1.1. 자립명사

다른 말의 도움을 받지 아니하고 단독으로 쓰일 수 있는 명사이다.

대	한	민	국		대	한	민	국	
서	울	특	별	시	서	울	특	별	시
한	강				한	강			
홍	길	동			홍	길	동		
의	자				의	자			
책	상				책	상			
도	시				도	시			
사	람				사	람			
나	라				나	라			
지	하	철			지	하	철		

3.1.2. 의존명사

의미가 형식적이어서 다른 말 아래에 기대어 쓰이는 명사이다.

모험을 하다 보면 죽는 수도 있다.

담배는 건강에 해로운 것이다.

노력한 만큼 대가를 얻다.

학교에 입학한 지 1달이 되었다.

3.2. 대명사

사람이나 사물의 이름을 대신 나타내는 단어이다. 대명사는 인칭대명사와 지시대명사로 나뉘는데, 인칭대명사는 '저', '너', '우리', '너희', '자네', '누구' 따위이고, 지시대명사는 '거기', '무엇', '그것', '이것', '저기' 따위이다.

3.2.1. 인칭대명사

사람을 가리키는 대명사이다. 제일 인칭에 '나', '저', '우리', 제이 인칭에 '너', '너희', '자네', 제삼 인칭에 '이', '그', '저', '이이들', '저이들', '그이들', 미지칭에 '누구', '누구들', 부정칭에 '아무', '아무들' 따위가 있다.

나					나				
저					저				
우	리				우	리			
너					너				
너	희				너	희			
자	네				자	네			
이					이				
그					그				
저					저				
이	이	들			이	이	들		
저	이	들			저	이	들		
그	이	들			그	이	들		

누	구				누	구			
누	구	들			누	구	들		
아	무				아	무			
아	무	들			아	무	들		

3.2.2. 지시대명사

어떤 사물이나 처소 따위를 이르는 대명사. 사물을 가리키는 대명사를 말한다.

이	것				이	것			
그	것				그	것			
저	것				저	것			
무	엇				무	엇			
어	느	것			어	느	것		
아	무	것			아	무	것		
여	기				여	기			
거	기				거	기			
저	기				저	기			
어	디				어	디			
아	무	데			아	무	데		

3.3. 수사

사물의 수량이나 차례를 단어이다.

3.3.1. 양수사

사물의 수량을 나타내는 수사이다

하	나				하	나			
둘					둘				
셋					셋				
넷					넷				
다	섯				다	섯			
여	섯				여	섯			
일	곱				일	곱			
여	덟				여	덟			
아	홉				아	홉			
열					열				
스	물				스	물			
서	른				서	른			
마	흔				마	흔			
쉰					쉰				
예	순				예	순			

일	흔				일	흔		
여	든				여	든		
아	흔				아	흔		

3.3.2. 서수사

대상의 순서를 나타내는 수사이다

첫	째				첫	째		
둘	째				둘	째		
셋	째				셋	째		
넷	째				넷	째		
다	섯	째			다	섯	째	
여	섯	째			여	섯	째	
일	곱	째			일	곱	째	
여	덟	째			여	덟	째	
아	홉	째			아	홉	째	
열	째				열	째		
열	한	째			열	한	째	
열	두	째			열	두	째	
열	셋	째			열	셋	째	

열	넷	째			열	넷	째		
열	다	섯	째		열	다	섯	째	
스	무	째			스	무	째		
제	일				제	일			
제	이				제	이			

3.4. 동사

사물의 움직임이나 과정을 나타내는 단어이다.

3.4.1. 자동사

동사가 나타내는 동작이나 작용이 주어에만 미치는 동사이다. 목적어를 취하지 않는다.

꽃	이		피	다	.		
꽃	이		피	다	.		
해	가		솟	다	.		
해	가		솟	다	.		
의	자	에		앉	다	.	
의	자	에		앉	다	.	
차	렷		자	세	로	서	다	.
차	렷		자	세	로	서	다	.
바	퀴	가		돌	다	.	
바	퀴	가		돌	다	.	
기	억	에		남	다	.	
기	억	에		남	다	.	
기	회	가		오	다	.	
기	회	가		오	다	.	

3.4.2. 타동사

동작의 대상인 목적어를 필요로 하는 동사이다.

밥 을　 먹 다 .

노 래 를 부 르 다 .

선 물 을 주 다 .

차 에　 설 탕 을　 놓 다 .

공 을　 던 지 다 .

사 과 를 깎 다 .

지 갑 에　 돈 을　 넣 다 .

3.5. 형용사

사물의 성질이나 상태를 표시하는 단어이다.

빛이 검다.

그 아이가 착하다.

배가 고프다.

목소리가 아름답다.

이건 그것과 다르다.

경우가 이러하다.

실력이 그러하다.

빛깔이 저러하다.

3.6. 관형사

관형사는 명사, 대명사, 수사 앞에서 이 말들을 꾸며주는 단어이다.

3.6.1. 성상관형사

사물의 성질이나 상태를 나타내는 관형사이다.

새		집			새		집		
새		옷			새		옷		
헌		집			헌		집		
헌		옷			헌		옷		
순		한	국	식	순		한	국	식
순		살	코	기	순		살	코	기

3.6.2. 수관형사

사물의 수나 양을 나타내는 관형사로, 수효나 분량 따위의 단위를 나타내는 의존명사와 함께 쓰인다.

한		개			한		개
한	두		개		한	두	개
세		개			세		개
서	너		개		서	너	개
다	섯		개		다	섯	개
한		권			한		권
한		말			한		말
한		근			한		근
한		켤	레		한		켤 레
한		쾌			한		쾌
한		필			한		필

참고 수사와 수관형사는 형태가 같은 것이 있으나 수사는 단독으로 쓰일 수 있고, 수관형사는 반드시 뒤에 수량을 나타내는 말과 함께 쓰인다.

예) 다섯

(수사) 넷에 하나를 더한 수.
둘에 셋을 더하면 다섯이다.

(관형사) 넷에 하나를 더한 수의.
사과 다섯 개.

3.6.3. 지시관형사

특정한 대상을 지시하여 가리키는 관형사이다.

이	사	람		이	사	람	
그	사	람		그	사	람	
저	사	람		저	사	람	
다	른	사	람	다	른	사	람

참고 지시대명사와 지시관형사는 형태가 같은 것이 있으나 지시대명사는 단독으로 쓰일 수 있고, 지시
관형사는 특정한 대상을 꾸며주는 역할을 한다

대명사

1. 말하는 이에게 가까이 있거나 말하는 이가 생각하고 있는 대상을 가리키는 지시 대명사.

    이를 보라.

2. 바로 앞에서 이야기한 대상을 가리키는 지시 대명사.

    중매를 하는 경우에 맞선을 보게 된다. 이보다 앞서 사진을 바꾸어 보는 수도 있다.

3. (복수 접미사 '-들'앞에 쓰여) '이 사람'을 가리키는 삼인칭 대명사.

    이들이 모여서 농성을 벌이고 있다.

관형사

말하는 이에게 가까이 있거나 말하는 이가 생각하고 있는 대상을 가리킬 때 쓰는 말.

이 사과가 맛있게 생겼다.

3.7. 부사

동사, 형용사, 또는 다른 말 앞에 놓여 그 뜻을 분명하게 하는 단어이다.

3.7.1. 성분부사

문장의 한 성분을 꾸며주는 부사이다.

잘		먹	는	다	.	잘		먹	는	다	.
매	우	덮	다	.		매	우	덮	다	.
가	장	높	다	.		가	장	높	다	.
빨	리	가	다	.		빨	리	가	다	.
꽤		멀	리			꽤		멀	리	
아	무	리	해	도		아	무	리	해	도
그	리	생	각	해		그	리	생	각	해
어	찌	보	면			어	찌	보	면	
안		먹	는	다	.	안		먹	는	다	.
못		먹	는	다	.	못		먹	는	다	.

3.7.2. 문장부사

문장 전체를 꾸며주는 부사를 가리킨다.

과 연	그	아 이 는	재 능 이
뛰 어 나 다 .			
과 연	그	아 이 는	재 능 이
뛰 어 나 다 .			
정 말	너 를	좋 아 해 .	
정 말	너 를	좋 아 해 .	
너	그 리 고	나	
너	그 리 고	나	
또 한	나 도	그 렇 다 .	
또 한	나 도	그 렇 다 .	

3.8. 감탄사

말하는 이의 본능적인 놀람이나 느낌, 부름, 응답 따위를 나타내는 단어이다.

허	허				허	허		
아	이	고			아	이	고	
후					후			
에	구	머	니		에	구	머	니

3.9. 조사

한국어의 조사는 접미사에 포함시키기 어려운 것이어서 하나의 단어로 다루어지고 있으며, 앞의 단어에 붙여 쓴다. 즉, 체언이나 부사, 어미 따위에 붙어 그 말과 다른 말과의 문법적 관계를 표시하거나 그 말의 뜻을 도와주는 단어이다.

3.9.1. 격조사

체언이나 체언 구실을 하는 말 뒤에 붙어 앞말이 다른 말에 대하여 갖는 일정한 자격을 나타내는 조사이다. 주격 조사, 서술격 조사, 목적격 조사, 보격 조사, 관형격 조사, 부사격 조사, 호격 조사 따위가 있다.

해	가		하	늘	에		뜨	다	.		
	주격 조사				부사격 조사						
해	가		하	늘	에		뜨	다	.		
꽃	을		가	꾸	다	.					
	목적격 조사										
꽃	을		가	꾸	다	.					
나	무	로		집	을		짓	다	.		
		부사격 조사			목적격 조사						
나	무	로		집	을		짓	다	.		
이	것	은		책	이	다	.				
						서술격 조사					
이	것	은		책	이	다	.				
너	보	다		잘	할		수		있	다	.
	부사격 조사										
너	보	다		잘	할		수		있	다	.
올	챙	이	가		개	구	리	가		되	었
		주격 조사						보격 조사			
다	.										

올챙이가 개구리가 되었다.

나의 연필
관형격 조사

철수야, 학교에 가자.
호격 조사 · 부사격 조사

3.9.2. 보조사

체언, 부사, 활용 어미 따위에 붙어서 어떤 특별한 의미를 더해 주는 조사이다. '은', '는', '도', '만', '까지', '마저', '조차', '부터' 따위가 있다.

철수는 좋은 아이다.

서울부터 부산까지

나도 너만큼 할 수 있다.

아	기	(는)		눈	(도)		예	쁘	다	.	
아	기	는		눈	도		예	쁘	다	.	
아	내	(는)		웃	고	(만)		있	었	다	.
아	내	는		웃	고	만		있	었	다	.

참고 의존명사와 보조사는 형태는 같으나 의존명사로 쓰일 경우는 띄어쓰고, 보조사로 쓸 경우는 앞말에 붙여 쓴다.

만큼

의존명사

1. (주로 어미 '-은, -는, -을' 뒤에 쓰여) 앞의 내용에 상당한 수량이나 정도임을 나타내는 말.
   노력한 만큼 대가를 얻다.
2. (주로 어미 '-은, -는, -던' 뒤에 쓰여) 뒤에 나오는 내용의 원인이나 근거가 됨을 나타내는 말.
   어른이 심하게 다그친 만큼 그의 행동도 달라져 있었다.

보조사

I. (체언의 바로 뒤에 붙어)

1. 앞말과 비슷한 정도나 한도임을 나타내는 격 조사.
   집을 대궐만큼 크게 짓다.

3.10. 어미

어미는 현대 한국어에서 단어에 속하지 않지만 한국어 문법에서 매우 중요한 역할을 하기 때문에 이곳에 포함시키고자 한다. 어미는 동사, 형용사 및 서술격 조사가 활용하여 변하는 부분을 말한다.

3.10.1. 어말어미

활용 어미에 있어서 맨 뒤에 오는 어미로 평서문, 의문문, 감탄문, 명령문, 청유문 등의 문장 유형을 결정한다.

철	수	가		과	자	를		먹	는	다	.	
철	수	가		과	자	를		먹	는	구	나	!
철	수	가		과	자	를		먹	느	냐	?	
철	수	야	,	과	자	를		먹	어	라	.	
철	수	야	,	과	자	를		먹	자	.		

평서문 / 감탄문 / 의문문 / 명령문 / 청유문

3.10.2. 선어말어미

어말 어미 앞에 나타나는 어미로 어떤 사건이나 사실이 일어난 시간 선상의 위치를 표시하는 시제와 남을 높여서 말하는 높임법 등을 나타낸다.

선	물	로		사	탕	을		주	었	다	.
선	물	로		사	탕	을		주	었	다	.
귀	로			소	리	를		듣	는	다	.
귀	로			소	리	를		듣	는	다	.
나	는			시	인	이		되	겠	다	.
나	는			시	인	이		되	겠	다	.
아	버	님	께	서			오	시	었	다	.
아	버	님	께	서			오	시	었	다	.

과거시제

현재시제

미래시제

높임법

4. 문장

문장은 생각이나 감정을 말과 글로 표현할 때 완결된 내용을 나타내는 최소 단위이다.

모든 글은 문장으로 이루어진다. 즉 문장 하나하나가 모여서 글이 된다. 따라서 좋은 글은 하나하나의 문장이 올바로 만들어져 있어야 가능하다. 올바른 문장은 문법에 맞고, 의미적으로 명확한 문장이다. 즉, 한국어 문법 규칙과 의미적으로 어색함이 없도록 배열하는 것이 바른 문장을 쓰는 가장 기본적인 일이 되는 것이다.

문장은 주어와 서술어를 갖추고 있는 것이 원칙이나 때로 이런 것이 생략될 수도 있다. 문장을 구성하는 기능적 단위로는 주어·서술어·목적어·보어·관형어·부사어·독립어가 있다. 한국어의 서술어는 항상 문장의 끝에 오는 것이 특징이다. 주어, 서술어, 목적어, 보어를 문장의 필수성분이라 하고, 관형어, 부사어는 부속성분으로 문장의 필수성분을 꾸며주는 역할을 한다. 독립어는 뒤에 오는 문장과 직접적인 관련이 없기 때문에 독립성분이라 한다.

또한, 문장의 끝에는 '.', '?', '!' 따위의 문장부호를 찍는다. '철수는 몇 살이니?', '세 살.', '정말?' 따위이다.

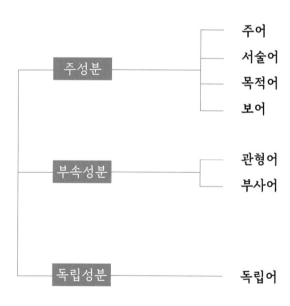

철수가 운동을 한다.
주어 목적어 서술어

영숙이 책을 읽는다.
주어 목적어 서술어

영수가 웃는다.
주어 서술어

물이 얼음이 되다.
주어 보어 서술어

철수의 형이 오다.
관형어 주어 서술어

철수야, 빨리 가자.
독립어 부사어 서술어

아빠, 바다로 놀러가요.
독립어 부사어 서술어

5. 단락

    단락에는 각 단락이 지니고 있는 중심적인 내용이 있다. 각 단락의 중심 생각이나 관념을 글 전체의 주제와 비교하여 소주제, 화제, 또는 단락 주제라 한다. 이 단락 주제를 주어와 서술어를 갖춘 문장으로 나타낸 것을 소주제문, 화제문 또는 단락 주제문이라 한다. 단락의 주제는 글의 일부를 이루는 한 단락의 중심내용이므로 당연히 글의 전체 주제와 밀접한 관련을 가져야 한다.

    그런데 단락의 주제를 담고 있는 단락 주제문은 단락의 내용에 대한 구상을 말해주는 것이므로 단락 속에 반드시 문장의 형태로 나타나야 할 필요는 없다. 물론 독자가 소주제문을 요약할 수 있는 중심점은 필수적으로 제시되어야 한다.

    단락은 형식적으로 '들여쓰기'를 통해 구분된다. 단락을 제대로 구분하지 않으면, 사고가 뒤엉켜 그 전개 과정이 제대로 드러나지 않는 혼란한 글이 되고 만다. 단락은 하나의 중심 생각을 드러내야 하므로, 중심 생각이 바뀔 때에는 반드시 들여쓰기를 통해 단락이 구분됨을 표시해 주어야 한다.

> **참고**   원고지 사용법
>
>   현대인의 대부분은 컴퓨터를 활용하여 글을 작성하고 있다. 그러나 컴퓨터 문서작성 프로그램도 대부분 원고지 사용법을 활용하여 만들어졌다. 그래서 원고지를 활용하여 글쓰기를 시작하면 문장 속 맞춤법, 띄어쓰기, 문장부호 작성 등을 정확하게 배울 수 있는 장점이 있다.
>
>   한글의 경우 원고지 한 칸에는 원칙적으로 한 자씩 쓴다. 그러나 영문자의 경우 대문자는 한 칸에 한 자, 소문자의 경우에는 한 칸에 두 글자를 쓰게 된다. 아라비아 숫자는 한 칸에 두 자를 쓴다. 문장부호도 느낌표(!), 물음표(?), 큰따옴표(" ") 등은 한 칸에, 온점(.), 반점(,) 등은 칸의 왼쪽 아래에 적는다. 말줄임표(……)는 한 칸에 세 점씩, 두 칸을 이어서 적는다.

나무는 주어진 분수에 만족할 줄 안다. 나무로 태어난 것을 탓하지 아니하고, 왜 여기 놓이고 저기 놓이지 않았는가를 말하지 아니한다. 등성이에 서면 햇살이 따사로울까, 골짜기에 내려서면 물이 좋을까 하여 새로운 자리를 엿보는 일도 없다. 물과 흙과 태양의 아들로 물과 흙과 태양이 주는 대로 받고, 후박과 부족을 말하지 아니한다. 이웃 친구의 처지에 눈떠 보는 일도 없다. 소나무는 소나무대로 스스로 족하고, 진달래는 진달래대로 스스로 족하다.

-이양하, 〈나무〉 중에서

	나	무	는		주	어	진		분	수	에		만	족	할		줄		안
다	.	나	무	로		태	어	난		것	을		탓	하	지		아	니	하
고	,	왜		여	기		놓	이	고		저	기		놓	이	지		않	았
는	가	를		말	하	지		아	니	한	다	.		등	성	이	에		서	면
햇	살	이		따	사	로	울	까	,		골	짜	기	에		내	려	서	면
물	이		좋	을	까		하	여		새	로	운		자	리	를		엿	보
는		일	도		없	다	.	물	과		흙	과		태	양	의		아	들
로		물	과		흙	과		태	양	이		주	는		대	로		받	고	,
후	박	과		부	족	을		말	하	지		아	니	한	다	.	이	웃
친	구	의		처	지	에		눈	떠		보	는		일	도		없	다	.

소	나	무	는		소	나	무	대	로		스	스	로		족	하	고	,	진
달	래	는		진	달	래	대	로		스	스	로		족	하	다	.		
						이	양	하	,		〈	나	무	〉		중	에	서	
														.					

나무는　주어진　분수에　만족할　줄　안다.　나무로　태어난　것을　탓하지　아니하고,　왜　여기　놓이고　저기　놓이지　않았는가를　말하지　아니한다.　등성이에　서면　햇살이　따사로울까,　골짜기에　내려서면　물이　좋을까　하여　새로운　자리를　엿보는　일도　없다.　물과　흙과　태양의　아들로　물과　흙과　태양이　주는　대로　받고,　후박과　부족을　말하지　아니한다.　이웃　친구의　처지에　눈떠　보는　일도　없다.　소나무는　소나무대로　스스로　족하고,　진달래는　진달래대로　스스로　족하다.

다음의 글을 원고지에 써 보자.

　국어 사전이란 한 국가가 저장하고 있는 어휘의 전체를 광범위하게 담아야 한다. 즉, 입말이든 글말이든, 속어든 비어든, 표준어든 방언이든 언중들에 의해 사용되는 것이라면 일단 빠짐없이 수용하는 것이 옳다. 또 어휘의 채집 못지않게 중요한 것은 분화되어 가는 어의를 새롭게 수용하는 일이다. 언어란 생명체와도 같아서 끊임없이 생성·성장하고, 쇠퇴·소멸한다. 사전이 주기적으로 새로이 편찬될 수밖에 없는 것은 언어의 이러한 가변성 때문이다. 사전이 변모해 가는 언어의 실상을 외면한다면, 그것은 낡은 어휘의 창고에 지나지 않게 될 것이다.

-김민수, 〈머리말〉, 「국어대사전」 중에서

6. 글

정상적으로 한국어를 배운 사람이라면 누구나 한국어로 글을 쓸 수 있다. 그러나 같은 내용이라도 어떻게 형식적으로 또는 체계적으로 전달하느냐에 따라 효과는 달라질 수 있다.

일반적으로 제목 및 부제목, 필자명은 그 앞뒤에 적당한 여백을 두어 뚜렷하게 드러낸다. 보통, 제목은 둘째 줄 중앙에, 부제목은 제목 다음 줄에 적는다. 부제목은 앞뒤에 '—'를 긋는 일도 있다. 다음 줄에 소속을 적고 다음 줄에 필자명을 쓰게 된다. 소속과 필자명은 오른쪽으로 치우치게 배치하는 것이 일반적이다. 필자명의 마지막 글자는 끝에서 한 칸 또는 두 칸 정도의 여백을 둔다. 목차가 필요한 경우에는 필자명 다음에 한 줄을 띄우고 적는다. 글의 본문은 목차 다음에 두 줄을 띄우고 글을 시작하게 된다.

				국	어		문	체		연	구	사			
	-	문	체		연	구	의		현	황	을		중	심	으	로	-
											김	상	태		
						목	차								
		I	.	머	리	말									
		II	.	기	존		연	구	에		대	한		검	토
		III	.	연	구		전	망							
		IV	.	맺	음	말									

Ⅰ.　머리말

　문체론은　그동안　고유의　학문영역으로　자리매김을　하지　못하고,　다만　문학과　언어학을　동시에　수용할　수　있는　중간　영역으로　인식되어　왔다.　이러한　특성　때문에　국어국문학에서　문체론은　국어학과　국문학의　주요　분야로　자리잡지　못하고,　가장자리를　차지해　왔다.　그동안　각　분야별로　문체론에　대한　연구를　보면,　국어학에서의　문체는　주로　시대별

문체에　대한　연구가　이루어져　왔고,　국문학에서는　장르별로　문학작품을　이해하고　해석하기　위한　도구로　이용되어　왔다.　이러한　이유로　국어학에서의　연구보다는　국문학에서의　문체　연구가　더욱더　활발하였다.

Ⅱ.　기존　연구에　대한　검토

단락이 시작할 때는 한 칸을 들여쓰기 한다. 이 비운 첫 칸은 단락이 시작되었다는 뜻을 표시하는 약속이다. 따라서 이러한 뜻이 없을 때에는 첫 칸은 절대로 비우지 말아야 한다. 다만, 일반적으로 시를 쓸 때에는 앞의 1칸을 전체적으로 비우는 경우가 많다.

						진	달	래	꽃				
										김	소	월	
	나		보	기	가		역	겨	워				
	가	실		때	에	는							
	말	없	이		고	이		보	내		드	리	오	리	다	.
	영	변	에		약	산							
	진	달	래	꽃									
	아	름	따	다		가	실		길	에		뿌	리	오	리	다	.
	가	시	는		걸	음		걸	음				
	놓	인		그		꽃	을						
	사	뿐	히		즈	려	밟	고		가	시	옵	소	서	.
	나		보	기	가		역	겨	워				
	가	실		때	에	는							
	죽	어	도		아	니		눈	물		흘	리	오	리	다	.

진달래꽃

김소월

나 보기가 역겨워
가실 때에는
말없이 고이 보내 드리오리다.

영변에 약산
진달래꽃
아름따다 가실 길에 뿌리오리다.

가시는 걸음 걸음
놓인 그 꽃을
사뿐히 즈려밟고 가시옵소서.

나 보기가 역겨워
가실 때에는
죽어도 아니 눈물 흘리오리다.

인용의 경우에는 '직접인용'과 '간접인용'의 두 가지 방식이 있다. 직접인용은 원문 그대로의 표현을 살리고자 할 때 쓰는 것으로, 인용되는 부분의 문자뿐 아니라 맞춤법과 문장부호까지도 원문대로 해야 한다. 짧은 인용문은 본문에 포함하여 " "표 속에 넣는다. 또한, 두 문장 이상이거나 길이가 긴 인용문은 인용부호를 쓰지 않는 대신 본문에서 분리하여 앞뒤로 각각 한 줄씩을 띄우고 왼쪽에서 1-2자씩 들여 쓴다. 간접인용은 원문 그대로 인용하는 것이 지나치게 장황하거나 번거로울 때 사용하는 것으로, 성격상 원문의 내용을 압축하여 옮기는 방식을 취한다.

일 년이 지났다.
　그의 처세의 비결은 더욱더 순탄히 진척되었다. 그의 부처는 이제는 그리 궁하게 지내지는 않게 되었다.
　그의 남편은, 이것이 결국 좋은 일이라는 듯이 아랫목에 누워서 벌신벌신 웃고 있었다.
　복녀의 얼굴은 더욱 이뻐졌다.
　"여보, 아즈바니. 오늘은 얼마나 벌었소?"
　복녀는 돈 좀 많이 벌은 듯한 거지를 보며 이렇게 찾는다.
　"오늘은 많이 못 벌었쉐다."
　"얼마?"
　"도무지 열 서더냐."
　"많이 벌었쉐다가레. 한 댓 냥 꿰 주소고레."

〈 김동인, 감자 일부 〉

일　년이　지났다.
　그의　처세의　비결은　더욱더　순탄히
진척되었다.　그의　부처는　이제는　그리
궁하게　지내지는　않게　되었다.
　그의　남편은,　이것이　결국　좋은　일이
라는　듯이　아랫목에　누워서　벌신벌신
웃고　있었다.
　복녀의　얼굴은　더욱　이뻐졌다.
　"여보,　아즈바니.　오늘은　얼마나　벌었
소?"
　복녀는　돈　좀　많이　벌은　듯한　거지
를　보며　이렇게　찾는다.
　"오늘은　많이　못벌었쉐다."
　"얼마?"
　"도무지　열　서더냐."
　"많이　벌었쉐다가레.　한　댓　냥　꿰
주소고레."

　　　　　　　　　　　　　〈김동인,　감자　일부〉

저자

김상태
청주대학교 국어교육과 교수

유태종
청주대학교 특임교수, 전 조선일보 기자

이윤영
청주대학교 겸임교수, 현 청주방송(CJB) 기자

조순현
청주대학교 강사, 현 충북민요연구회장

홍성웅
청주대학교 인공지능전공 교수

쉽게 배우는 한국어 쓰기 교본

초판1쇄 인쇄 2021년 9월 14일
초판1쇄 발행 2021년 9월 24일

지은이   김상태 유태종 이윤영 조순현 홍성웅
기 획   청석한국어교육연구회
펴낸이   최종숙
편집   이태곤 권분옥 문선희 임애정 강윤경
디자인   안혜진 최선주 이경진
마케팅   박태훈 안현진

펴낸곳   글누림출판사
출판등록   제303-2005-000038호(2005.10.5)
주소   서울시 서초구 동광로 46길 6-6 문창빌딩 2층 (우06589)
전화   02-3409-2055(대표), 2058(영업), 2060(편집)
팩스   02-3409-2059
홈페이지   www.geulnurim.co.kr
이메일   nurim3888@hanmail.net

ISBN 979-89-6327-648-9 03710